Impressum
Verlag: BABADADA GmbH, Nedderfeld 112 , 22529 Hamburg
Geschäftsführer / Verlagsleitung: Harald Hof
Druck: Books on Demand GmbH, In de Tarpen 42, 22848 Norderstedt

Imprint
Publisher: BABADADA GmbH, Nedderfeld 112 , 22529 Hamburg, Germany
Managing Director / Publishing direction: Harald Hof
Print: Books on Demand GmbH, In de Tarpen 42, 22848 Norderstedt

okul

l'école

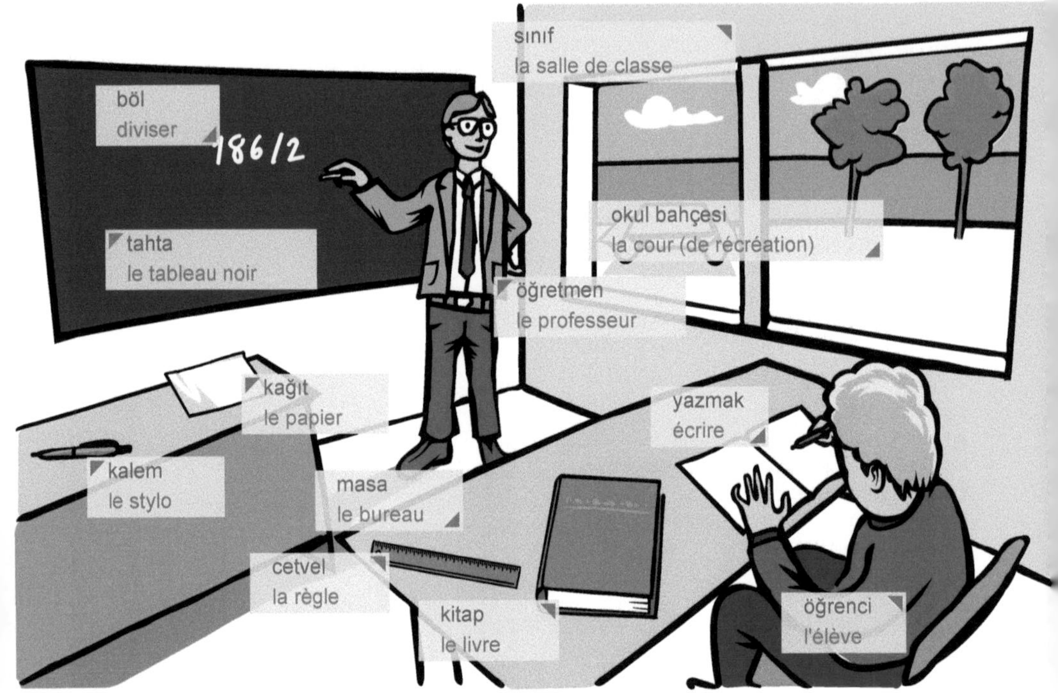

sınıf
la salle de classe
böl
diviser
186/2
tahta
le tableau noir
okul bahçesi
la cour (de récréation)
öğretmen
le professeur
kağıt
le papier
yazmak
écrire
kalem
le stylo
masa
le bureau
cetvel
la règle
kitap
le livre
öğrenci
l'élève

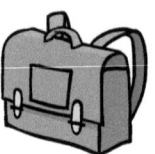

okul çantası

le cartable

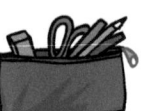

kalemlik

la trousse

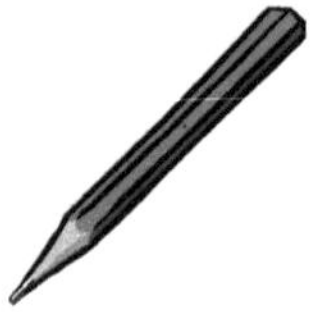

kurşun kalem

le crayon

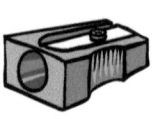

kalem açacağı

le taille-crayon

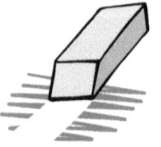

silgi

la gomme

çizim defteri

le carnet à dessin

çizim

le dessin

resim fırçası

le pinceau

boya kutusu

la boîte de peinture

makas

les ciseaux

tutkal

la colle

alıştırma kitabı

le cahier d'exercices

ödev

les devoirs

sayı

le chiffre

ekle

additionner

çıkar

soustraire

çarp

multiplier

hesapla

calculer

harf

la lettre

alfabe

l'alphabet

kelime

le mot

metin

le texte

okumak

lire

tebeşir

la craie

ders

la leçon

kayıt

le livre de classe

sınav

l'examen

sertifika

le certificat

okul forması

l'uniforme scolaire

eğitim

la formation

ansiklopedi

le lexique

üniversite

l'université

mikroskop

le microscope

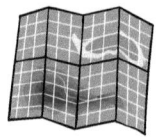

harita

la carte

kağıt çöp kutusu

la corbeille à papier

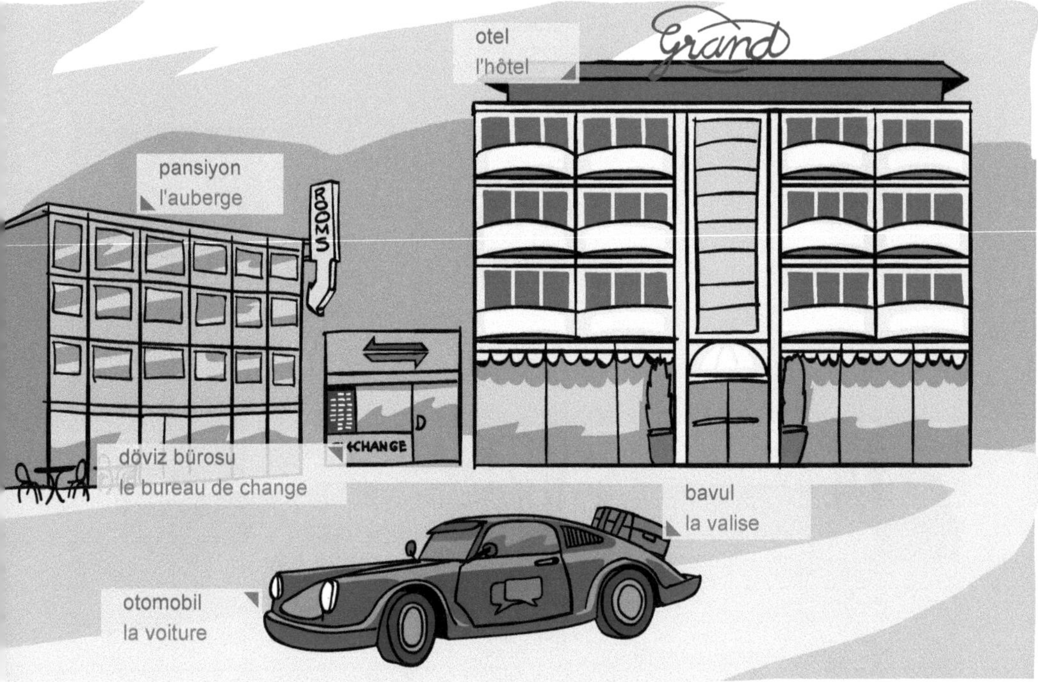

otel
l'hôtel
Grand
pansiyon
l'auberge
ROOMS
CHANGE
döviz bürosu
le bureau de change
bavul
la valise
otomobil
la voiture

dil
....
la langue

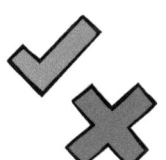

evet / hayır
....
oui / non

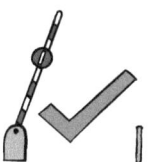

Tamam
....
d'accord

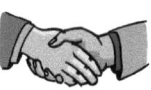

merhaba
....
Salut

çevirmen
....
l'interprète

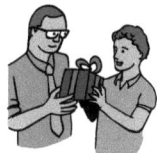

Teşekkür ederim
....
merci

bu ... ne kadar?

Combien coûte...?

anlamadım

Je ne comprends pas

problem

le problème

İyi akşamlar!

Bonsoir !

Günaydın!

Bonjour !

İyi geceler!

Bonne nuit !

güle güle

Au revoir

yön

la direction

bagaj

les bagages

çanta

le sac

sırt çantası

le sac-à-dos

misafir

l'hôte

oda

la pièce

uyku tulumu

le sac de couchage

çadır

la tente

turist danışma

l'office de tourisme

sahil

la plage

kredi kartı

la carte de crédit

kahvaltı

le petit-déjeuner

öğle yemeği

le déjeuner

akşam yemeği

le dîner

Bilet

le billet

asansör

l'ascenseur

pul

le timbre

sınır

la frontière

gümrük

la douane

elçilik

l'ambassade

vize

le visa

pasaport

le passeport

ulaşım

le transport

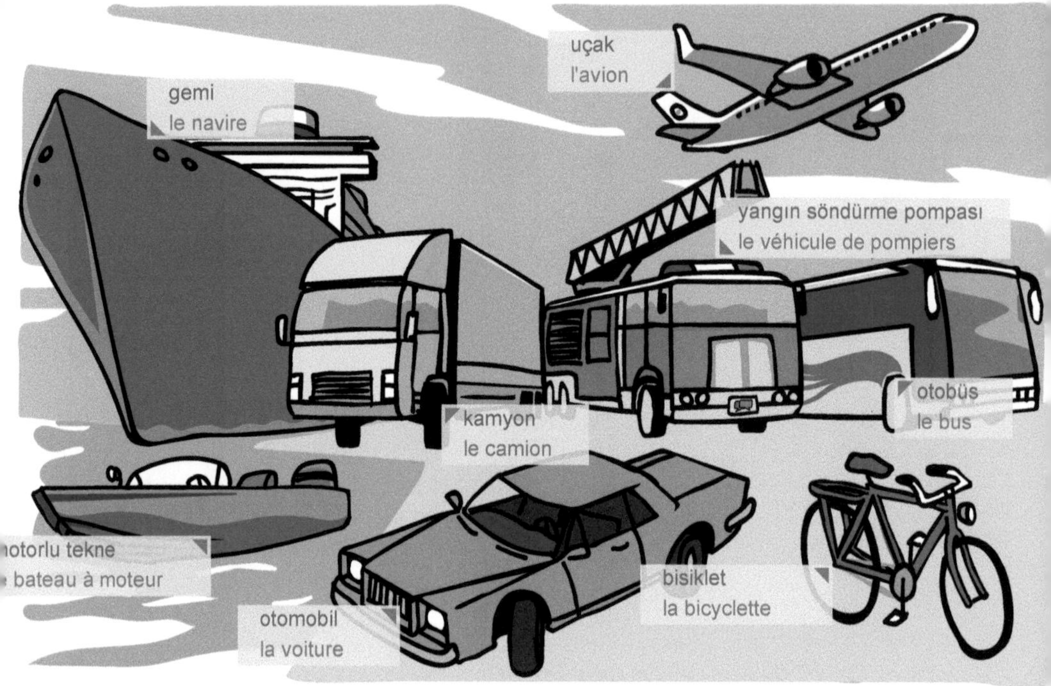

uçak
l'avion
gemi
le navire
yangın söndürme pompası
le véhicule de pompiers
otobüs
le bus
kamyon
le camion
otorlu tekne
bateau à moteur
otomobil
la voiture
bisiklet
la bicyclette

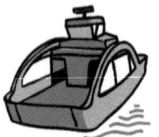

feribot

le ferry

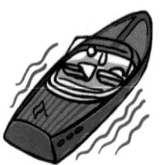

bot

la barque

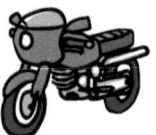

motosiklet

la moto

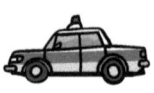

polis arabası

la voiture de police

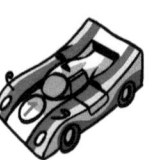

yarış arabası

la voiture de course

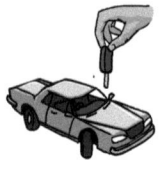

kiralık araba

la voiture de location

ortak araba

l'auto-partage

çekici

la voiture de remorquage

çöp kamyonu

la benne à ordures

motor

le moteur

yakıt

l'essence

benzinlik

la station d'essence

trafik işareti

le panneau indicateur

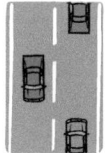

trafik

le trafic

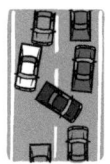

trafik sıkışıklığı

l'embouteillage

otopark

le parking

tren istasyonu

la gare

ray

les rails

tren

le train

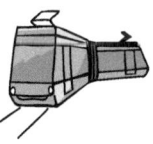

tramvay

le tramway

vagon

le wagon

helikopter

l'hélicoptère

havaalanı

l'aéroport

kule

la tour

yolcu

le passager

konteyner

le conteneur

koli

le carton

yük arabası

le chariot

sepet

la corbeille

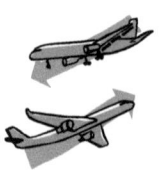

kalkış / iniş

décoller / atterrir

şehir
la ville

köy

le village

şehir merkezi

le centre-ville

ev

la maison

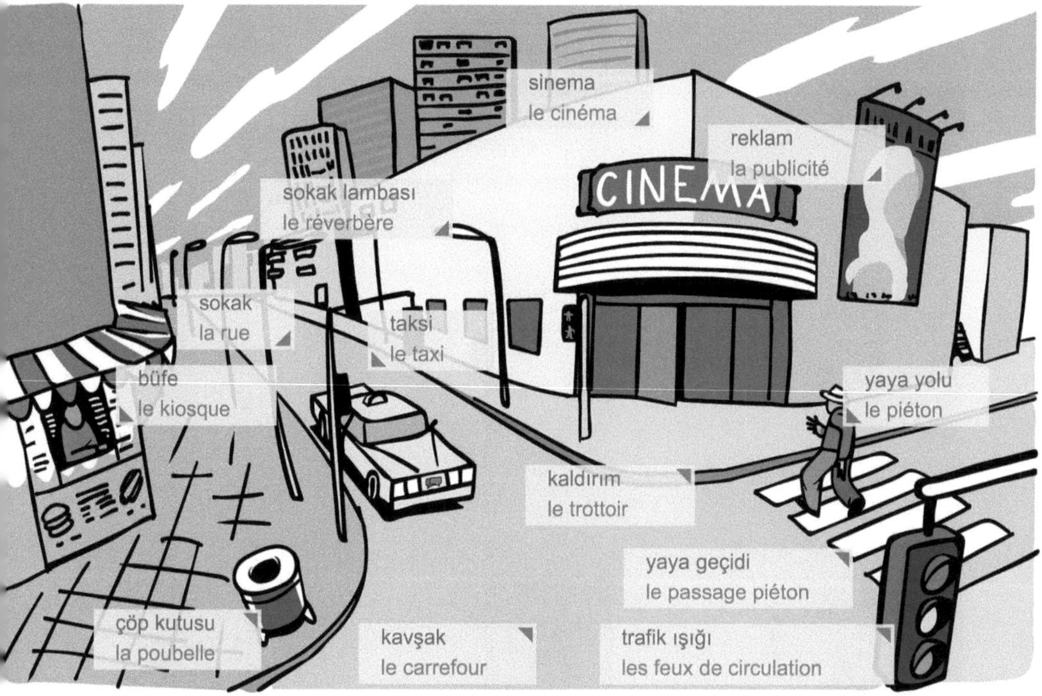

sinema
le cinéma
reklam
la publicité
CINEMA
sokak lambası
le réverbère
sokak
la rue
taksi
le taxi
büfe
le kiosque
yaya yolu
le piéton
kaldırım
le trottoir
yaya geçidi
le passage piéton
çöp kutusu
la poubelle
kavşak
le carrefour
trafik ışığı
les feux de circulation

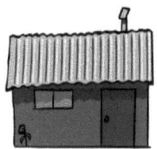

kulübe

la cabane

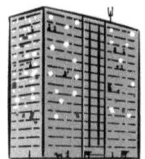

apartman dairesi

l'appartement

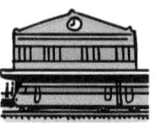

tren istasyonu

la gare

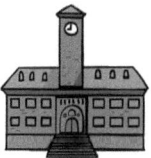

belediye binası

la mairie

MUSEUM

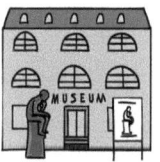

müze

le musée

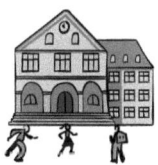

okul

l'école

üniverse

l'université

banka

la banque

hastane

l'hôpital

otel

l'hôtel

eczane

la pharmacie

ofis

le bureau

kitapçı

la librairie

mağaza

le magasin

çiçekçi

le fleuriste

süpermarket

le supermarché

market

le marché

büyük mağaza

le grand magasin

balık satıcısı

la poissonnerie

alışveriş merkezi

le centre commercial

liman

le port

park
le parc

bank
la banque

köprü
le pont

merdiven
les escaliers

metro
le métro

tünel
le tunnel

otobüs durağı
l'arrêt de bus

bar
le bar

restoran
le restaurant

posta kutusu
la boîte à lettres

sokak tabelası
le panneau indicateur

otopark sayacı
le parcmètre

hayvanat bahçesi
le zoo

yüzme havuzu
le réverbère

cami
la mosquée

çiftlik
la ferme

kirlilik
la pollution

mezarlık
la cimetière

kilise
l'église

oyun alanı
l'aire de jeux

tapınak
le temple

arazi

le paysage

yaprak
la feuille

yön tabelası
le panneau indicateur

yol
le chemin

çayır
le pré

taş
la pierre

ağaç
l'arbre

yürüyüşçü
le randonneur

ırmak
la rivière

çimen
l'herbe

çiçek
la fleur

vadi

la vallée

tepe

la montagne

göl

le lac

orman

la forêt

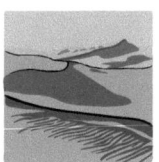

çöl

le désert

volkan

le volcan

kale

le château

gökkuşağı

l'arc-en-ciel

mantar

le champignon

palmiye

le palmier

sivrisinek

le moustique

sinek

la mouche

karınca

les fourmis

arı

l'abeille

örümcek

l'araignée

böcek

le coléoptère

kurbağa

la grenouille

sincap

l'écureuil

kirpi

le hérisson

yabani tavşan

le lièvre

baykuş

la chouette

kuş

l'oiseau

kuğu

le cygne

yaban domuzu

le sanglier

geyik

le cerf

geyik

l'élan

baraj

le barrage

rüzgar türbini

l'éolienne

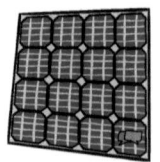

güneş paneli

le panneau solaire

iklim

le climat

restoran
le restaurant

garson
le serveur
menü
le menu
sandalye
la chaise
çorba
la soupe
pizza
la pizza
masa örtüsü
la nappe
çatal - bıçak
les couverts

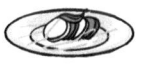

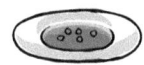

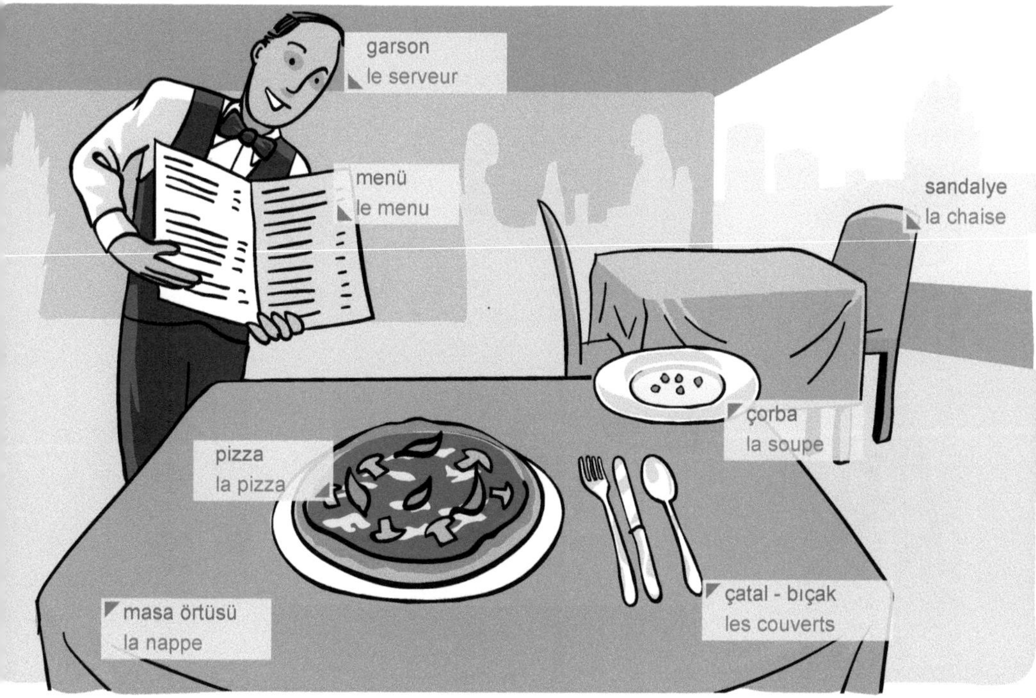

başlangıç

les hors d'œuvre

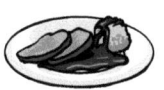

ana yemek

le plat principal

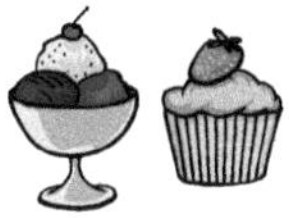

tatlı

le dessert

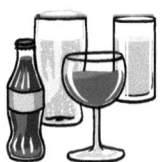

içecekler

les boissons

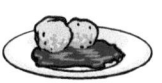

yemek

l'alimentation

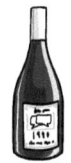

şişe

la bouteille

fastfood

le fast-food

sokak yemeği

les plats à emporter

çaydanlık

la théière

şekerlik

le sucrier

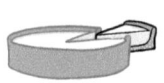

porsiyon

la portion

espresso makinesi

la machine à expresso

mama sandalyesi

la chaise haute

fatura

la facture

tepsi

le plateau

bıçak

le couteau

çatal

la fourchette

kaşık

la cuillère

çay kaşığı

la cuillère à thé

servis peçetesi

la serviette

bardak

le verre

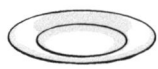

tabak
l'assiette

çorba kasesi
l'assiette à soupe

fincan altlığı
la soucoupe

sos
la sauce

tuzluk
la salière

karabiber değirmeni
le moulin à poivre

sirke
le vinaigre

yağ
l'huile

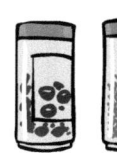

baharat
les épices

ketçap
le ketchup

hardal
la moutarde

mayonez
la mayonnaise

süpermarket
le supermarché

özel teklif
l'offre promotionnelle
FOR
müşteri
le client
süt ürünleri
les produits laitiers
meyve
les fruits
alışveriş arabası
le chariot

BUTCHERS

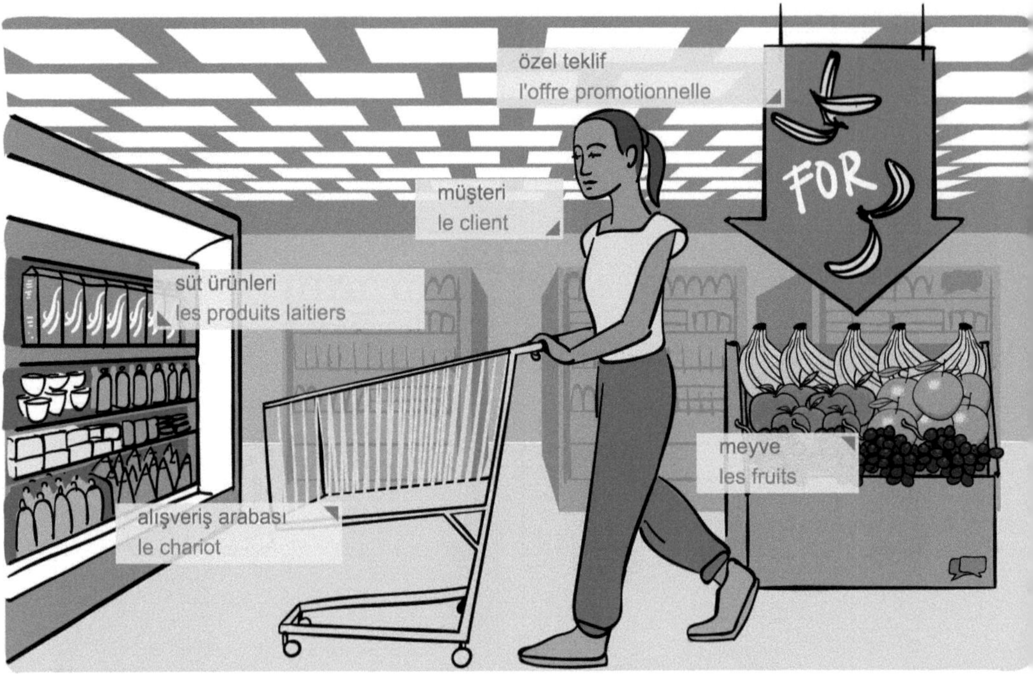

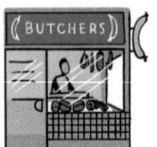

kasap

la boucherie

BAKERY

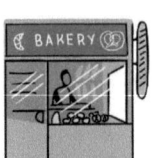

fırın

la boulangerie

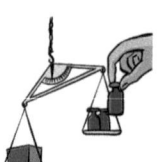

tartmak

peser

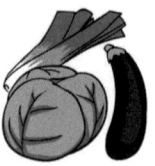

sebze

les légumes

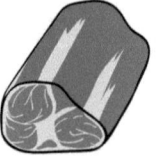

et

la viande

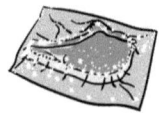

donmuş gıda

les aliments surgelés

söğüş et

la charcuterie

konserve yiyecek

les conserves

toz deterjan

la poudre à lessive

şekerlemeler

les bonbons

ev temizlik ürünleri

les articles ménagers

temizlik ürünleri

les détergents

satış görevlisi

la vendeuse

yazar kasa

la caisse

kasiyer

le caissier

alışveriş listesi

la liste d'achats

açılış saatleri

les heures d'ouverture

cüzdan

le portefeuille

kredi kartı

la carte de crédit

çanta

le sac

plastik poşet

le sac en plastique

su

l'eau

meyve suyu

le jus de fruit

süt

le lait

kola

le coca

şarap

le vin

bira

la bière

alkol

l'alcool

kakao

le chocolat chaud

çay

le thé

kahve

le café

espresso

l'expresso

kapuçino

le cappuccino

muz

la banane

elma

la pomme

portakal

l'orange

kavun

le melon

limon

le citron.

havuç

la carotte

sarımsak

l'ail

bambu

le bambou

soğan

l'oignon

mantar

le champignon

çerez

les noisettes

makarna

les pâtes

spagetti

les spaghetti

pirinç

le riz

salata

la salade

cips

les pommes frites

patates kızartması

les pommes de terre rôties

pizza

la pizza

hamburger

le hamburger

sandviç

le sandwich

şinitzel

l'escalope

pastırma

le jambon

salam

le salami

sosis

la saucisse

tavuk

le poulet

rosto

le rôti

balık

le poisson

yulaf ezmesi

les flocons d'avoine

müsli

le muesli

mısır gevreği

les cornflakes

un

la farine

kruvasan

le croissant

küçük ekmek

les petits-pains

ekmek

le pain

tost

le pain grillé

bisküvi

les biscuits

tereyağı

le beurre

kaymak

le fromage blanc

kek

le gâteau

yumurta

l'œuf

sahanda yumurta

l'œuf au plat

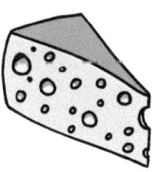

peynir

le fromage

dondurma

la glace

şeker

le sucre

bal

le miel

reçel

la confiture

fındık ezmesi

la crème nougat

köri

le curry

çiftlik
la ferme

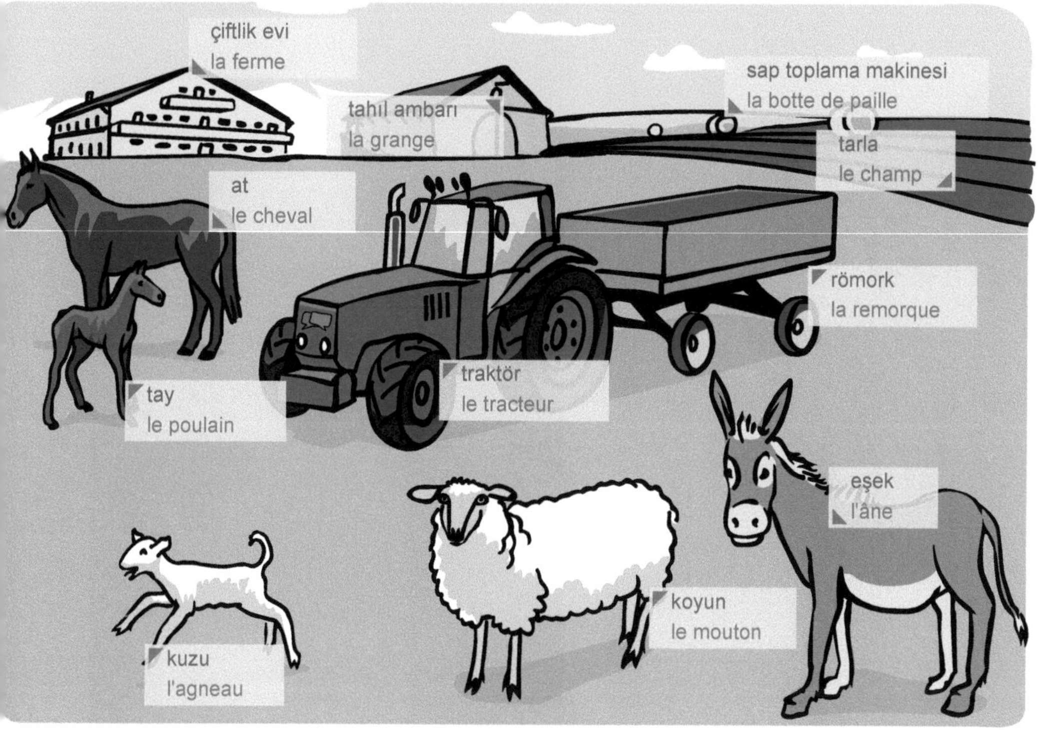

çiftlik evi
la ferme
tahıl ambarı
la grange
sap toplama makinesi
la botte de paille
tarla
le champ
at
le cheval
römork
la remorque
traktör
le tracteur
tay
le poulain
eşek
l'âne
koyun
le mouton
kuzu
l'agneau

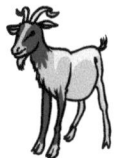

keçi

la chèvre

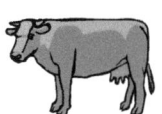

inek

la vache

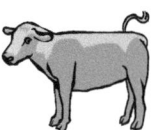

buzağı

le veau

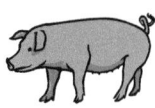

domuz

le porc

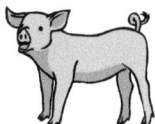

domuz yavrusu

le porcelet

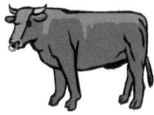

boğa

le taureau

kaz

l'oie

ördek

le canard

civciv

le poussin

tavuk

la poule

horoz

le coq

sıçan

le rat

kedi

le chat

fare

la souris

öküz

le bœuf

köpek

le chien

köpek kulübesi

le chenil

bahçe hortumu

le tuyau de jardin

sulama kabı

l'arrosoir

tırpan

la faucheuse

pulluk

la charrue

orak

la faucille

çapa

la pioche

dirgen

la fourche

balta

la hache

el arabası

la brouette

yemlik

la cuve

süt kovası

le pot à lait

çuval

le sac

çit

la clôture

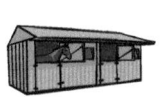

ahır

l'étable

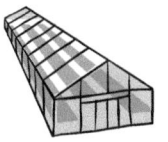

sera

le serre

toprak

le sol

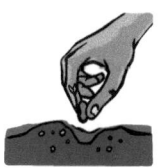

tohum

les semences

gübre

l'engrais

biçerdöver

la moissonneuse-batteuse

hasat etmek

récolter

harman

la récolte

tatlı patates

l'igname

buğday

le blé

soya

le soja

patates

la pomme de terre

mısır

le maïs

kolza

le colza

meyve ağacı

l'arbre fruitier

manyok

le manioc

hububat

les céréales

ev
la maison

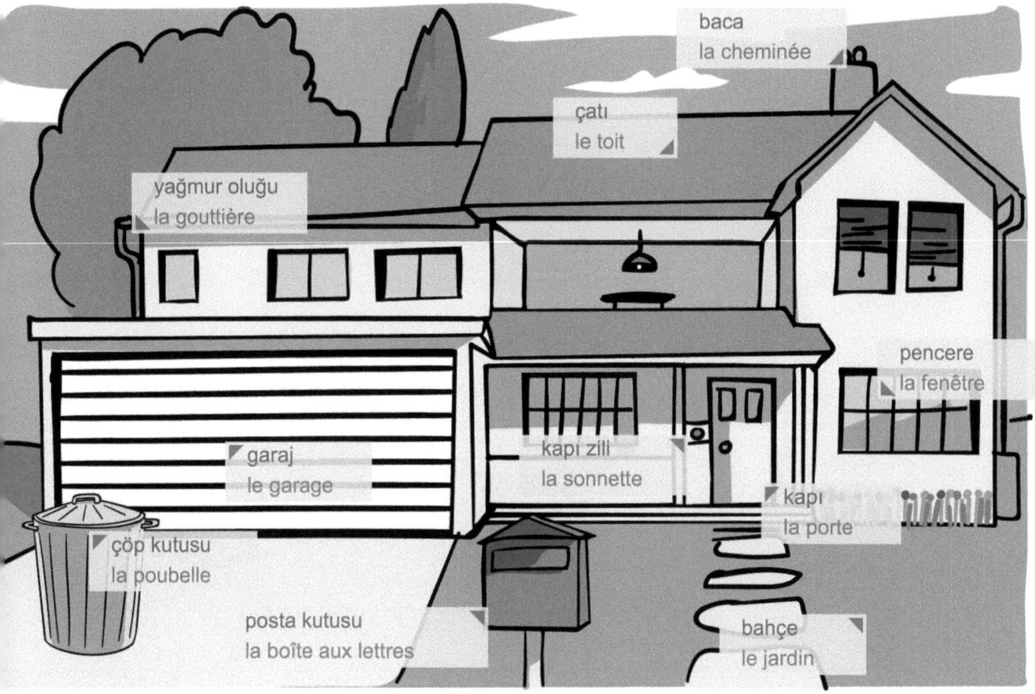
baca
la cheminée
çatı
le toit
yağmur oluğu
la gouttière
pencere
la fenêtre
garaj
le garage
kapı zili
la sonnette
kapı
la porte
çöp kutusu
la poubelle
posta kutusu
la boîte aux lettres
bahçe
le jardin

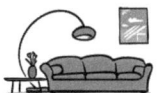

oturma odası

le salon

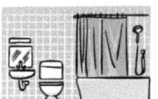

banyo

la salle de bain

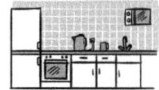

mutfak

la cuisine

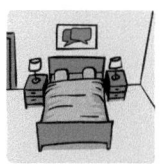

yatak odası

la chambre à coucher

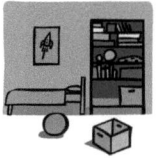

çocuk odası

la chambre d'enfant

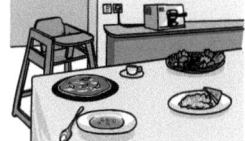

yemek odası

la salle à manger

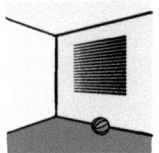

zemin

le sol

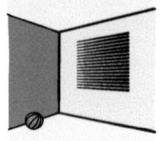

duvar

le mur

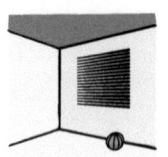

tavan

le plafond

kiler

la cave

sauna

le sauna

balkon

le balcon

teras

la terrasse

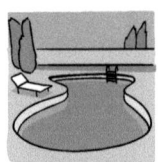

havuz

la piscine

çim biçme makinesi

la tondeuse à gazon

çarşaf

la housse

yatak örtüsü

la couette

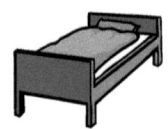

yatak

le lit

süpürge

le balai

kova

le sceau

anahtar

l'interrupteur

oturma odası

le salon

duvar kağıdı
le papier peint
resim
l'image
lamba
la lampe
raf
l'étagère
dolap
l'armoire
televizyon
la télé
şömine
la cheminée
çiçek
la fleur
minder
le coussin
kanepe
le sofa
vazo
le vase
uzaktan kumanda
la télécommande

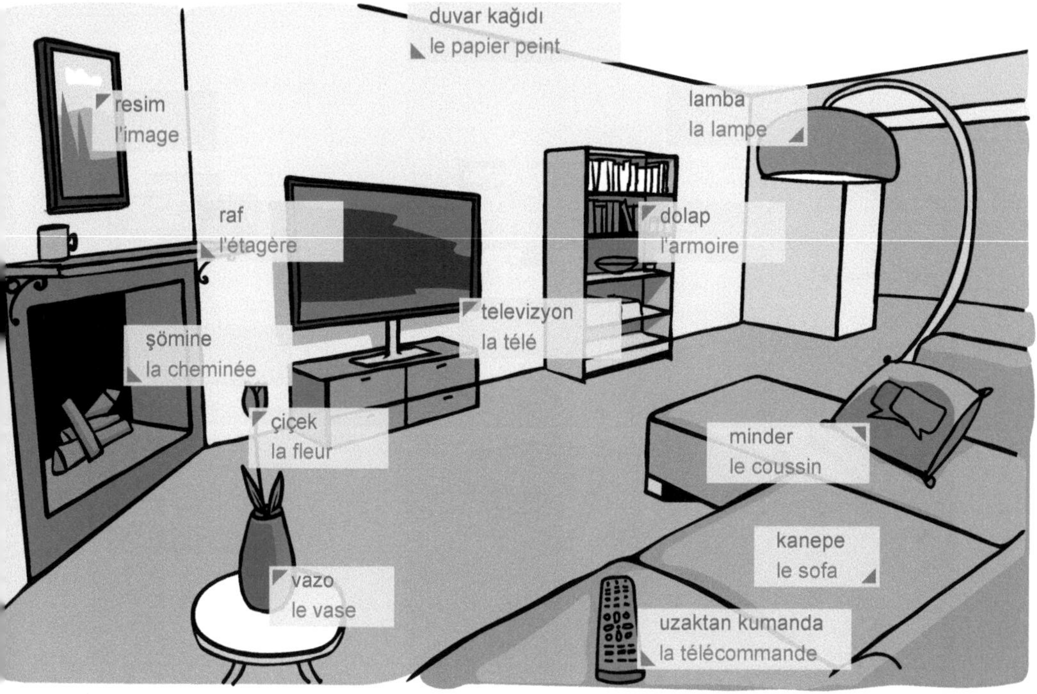

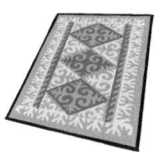

halı

le tapis

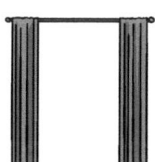

perde

le rideau

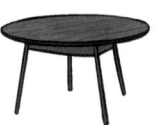

masa

la table

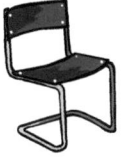

sandalye

la chaise

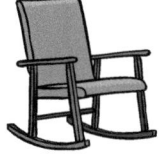

salıncaklı koltuk

la chaise à bascule

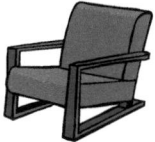

koltuk

le fauteuil

kitap
le livre

battaniye
la couverture

dekor
la décoration

odun
le bois de chauffage

film
le film

hi-fi
la chaîne hi-fi

anahtar
la clé

gazete
le journal

tablo
la peinture

poster
le poster

radyo
la radio

defter
le bloc-notes

elektrikli süpürge
l'aspirateur

kaktüs
le cactus

mum
la bougie

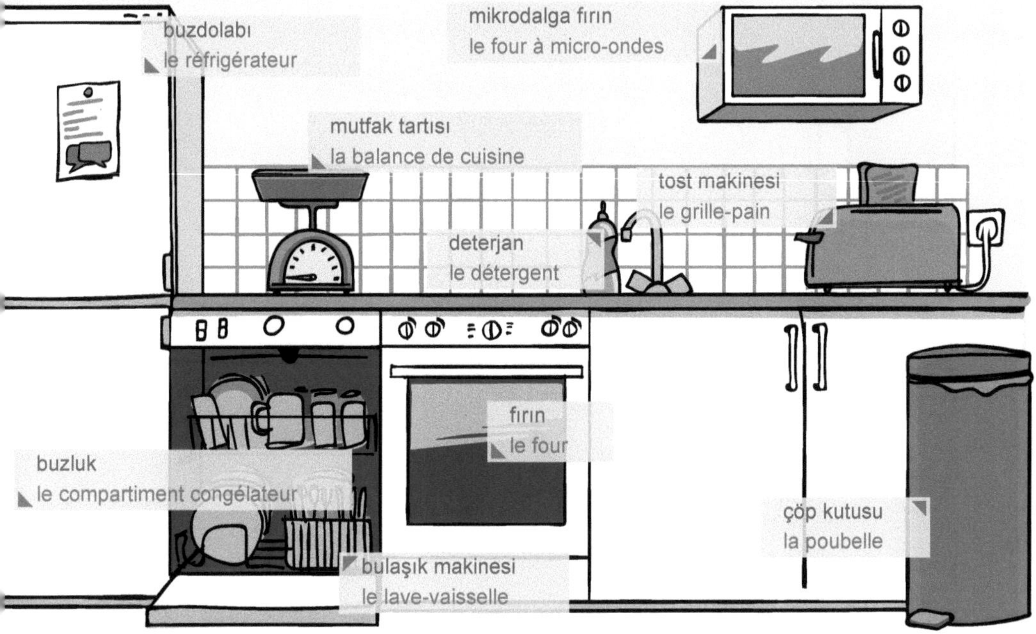

buzdolabı
le réfrigérateur

mikrodalga fırın
le four à micro-ondes

mutfak tartısı
la balance de cuisine

tost makinesi
le grille-pain

deterjan
le détergent

fırın
le four

buzluk
le compartiment congélateur

çöp kutusu
la poubelle

bulaşık makinesi
le lave-vaisselle

ocak
le four

tencere
la casserole

döküm tencere
la marmite

wok
le wok / kadai

tava
la poêle

su ısıtıcı
la bouilloire electrique

buharlı pişirici
....
le cuiseur vapeur

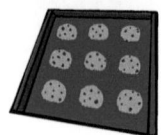

pişirme tepsisi
....
la plaque de cuisson

tabak takımı
....
la vaisselle

kupa
....
le gobelet

kase
....
la coupe

çubuk (çin yemeği)
....
les baguettes

kepçe
....
la louche

spatula
....
la spatule

çırpma teli
....
le fouet

süzgeç
....
la passoire

elek
....
le tamis

rende
....
la râpe

havan
....
le mortier

barbekü
....
le barbecue

açık ateş
....
la cheminée

kesme tahtası

la planche à découper

merdane

le rouleau à pâtisserie

tirbüşon

le tire-bouchon

konserve kutusu

la boîte

konserve açacağı

l'ouvre-boîte

fırın eldiveni

les maniques

evye

le lavabo

fırça

la brosse

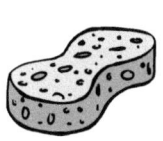

sünger

l'éponge

blender

le mixeur

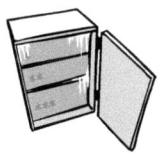

derin dondurucu

le congélateur

biberon

le biberon

musluk

le robinet

banyo

la salle de bain

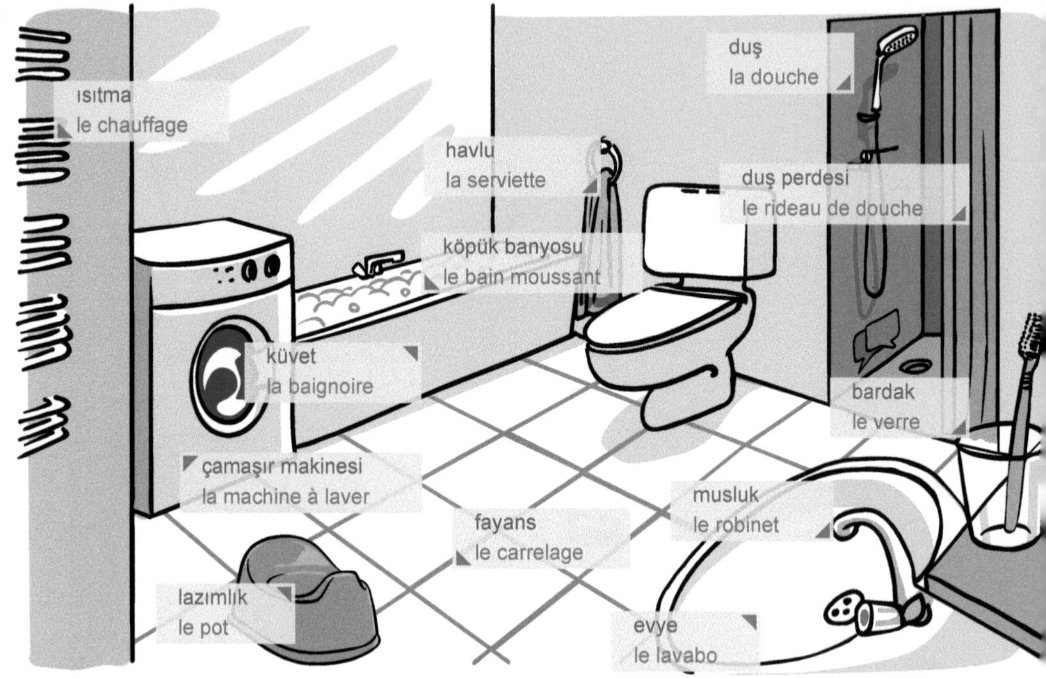

ısıtma
le chauffage

havlu
la serviette

köpük banyosu
le bain moussant

küvet
la baignoire

çamaşır makinesi
la machine à laver

lazımlık
le pot

fayans
le carrelage

duş
la douche

duş perdesi
le rideau de douche

bardak
le verre

musluk
le robinet

evye
le lavabo

---

tuvalet
les toilettes

alaturka tuvalet
la toilette à la turque

bide
le bidet

pisuvar
l'urinoir

tuvalet kağıdı
le papier toilette

tuvalet fırçası
la brosse à toilette

diş fırçası

la brosse à dents

diş macunu

le dentifrice

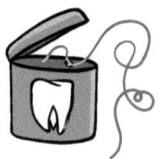

diş ipi

le fil dentaire

yıkamak

laver

duş başlığı

la douche manuelle

duş başlığı şeklinde taharet musluğu

la douche intime

küvet

la vasque

banyo fırçası

la brosse dorsale

sabun

le savon

duş jeli

le gel douche

şampuan

le shampooing

banyo lifi

le gant de toilette

gider

l'écoulement

krem

la crème

deodorant

le déodorant

ayna

le miroir

el aynası

le miroir cosmétique

jilet

le rasoir

tıraş köpüğü

la mousse à raser

tıraş losyonu

l'après-rasage

tarak

la peigne

fırça

la brosse

saç kurutma makinesi

le sèche-cheveux

saç spreyi

la laque pour cheveux

makyaj

le fond de teint

ruj

le rouge à lèvres

tırnak cilası

le vernis à ongles

pamuk

l'ouate

tırnak makası

le coupe-ongles

parfüm

le parfum

makyaj çantası

la trousse de toilette

tabure

le tabouret

tartı

le pèse-personne

bornoz

le peignoir

lastik eldiven

les gants de nettoyage

tampon

le tampon

kadın pedi

les serviettes hygiéniques

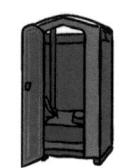

kimyevi tuvalet

la toilette chimique

çocuk odası

la chambre d'enfant

çalar saat
le réveil
peluş oyuncak
le doudou
oyuncak araba
la voiture jouet
çıngırak
le hochet
bebek evi
la maison de poupée
hediye
le cadeau

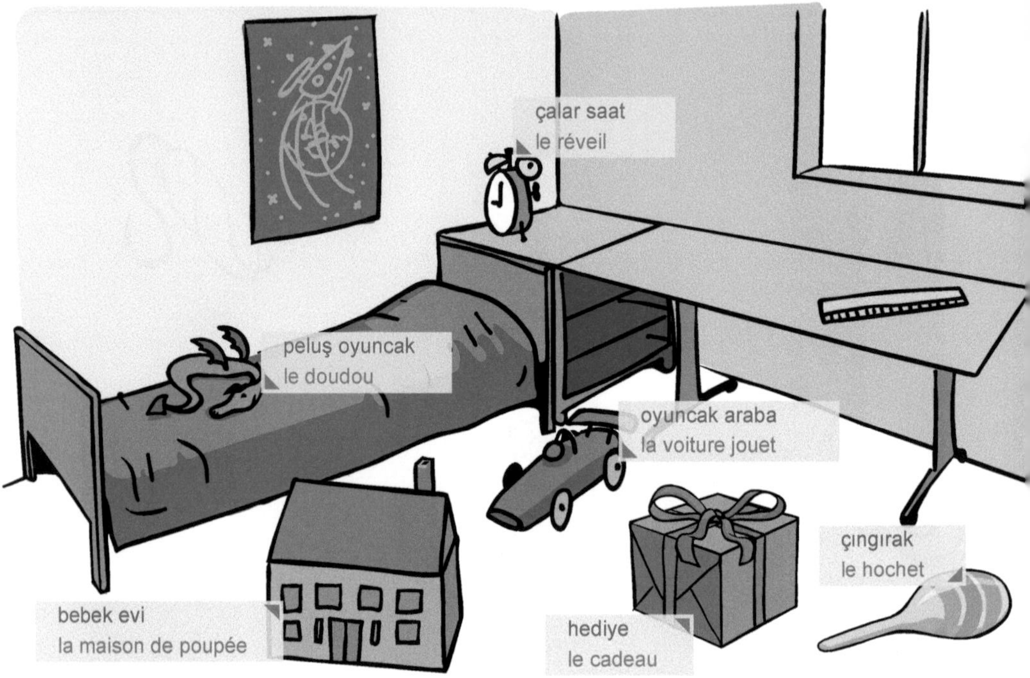

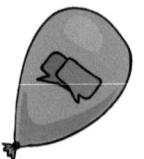

balon

le ballon

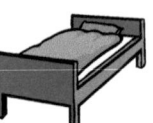

yatak

le lit

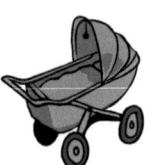

bebek arabası

la poussette

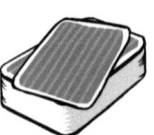

kart destesi

le jeu de cartes

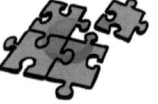

yapboz

le puzzle

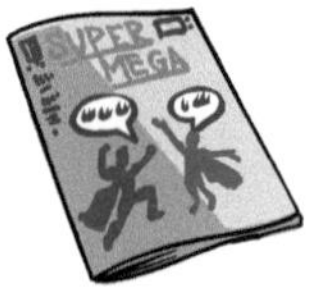

çizgi roman

la bande dessinée

lego tuğlaları

les pièces lego

lego blokları

les blocs de construction

aksiyon figürü

la figurine

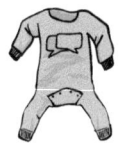

zıbın

la grenouillère

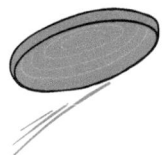

frizbi

le frisbee

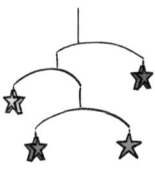

dönence

le mobile

masa oyunu

le jeu de société

zar

le dé

model tren seti

le train miniature

emzik

la sucette

parti

la fête

resimli kitap

le livre d'images

top

la balle

oyuncak bebek

la poupée

oynamak

jouer

kum havuzu

le bac à sable

salıncak

la balançoire

oyuncaklar

les jouets

video oyun konsolu

la console de jeu

üç tekerlekli bisiklet

le tricycle

oyuncak ayı

l'ours en peluche

gardırop

l'armoire

kıyafet

les vêtements

çorap

les chaussettes

külotlu çorap

les bas

tayt

le collant

eşarp
l'écharpe

şemsiye
le parapluie

tişört
le t-shirt

kemer
la ceinture

bot
les bottes

terlik
les pantoufles

spor ayakkabı
les baskets

sandalet
les sandales

ayakkabı
les chaussures

lastik çizme
les bottes de caoutchouc

külot
les sous-vêtements

sütyen
le soutien-gorge

yelek
le maillot de corps

kıyafet - les vêtements

dar bluz

le body

pantolon

le pantalon

kot pantolon

le jean

etek

la jupe

bluz

le chemisier

gömlek

la chemise

kazak

le pull

süveter

le sweat à capuche

blazer

la veste

ceket

la veste

mont

le manteau

yağmurluk

l'imperméable

kostüm

le costume

elbise

la robe

gelinlik

la robe de mariée

takım elbise

le costume

gecelik

la chemise de nuit

pijama

le pyjama

sari

le sari

baş örtüsü

le foulard

türban

le turban

burka

la burqa

kaftan

le caftan

çarşaf

l'abaya

mayo

le maillot de bain

erkek mayosu

le maillot de bain

şort

le short

eşofman

la tenue d'entraînement

önlük

le tablier

eldiven

les gants

düğme

le bouton

gözlük

les lunettes

bilezik

le bracelet

kolye

le collier

yüzük

la bague

küpe

la boucle d'oreille

kep

le bonnet

portmanto

le cintre

şapka

le chapeau

kravat

la cravate

fermuar

la fermeture éclair

kask

le casque

pantolon askısı

les bretelles

okul forması

l'uniforme scolaire

üniforma

l'uniforme

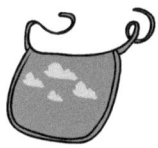

mama önlüğü

le bavoir

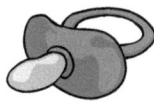

emzik

la sucette

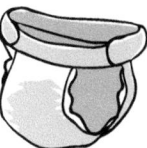

bebek bezi

la lange

ofis

le bureau

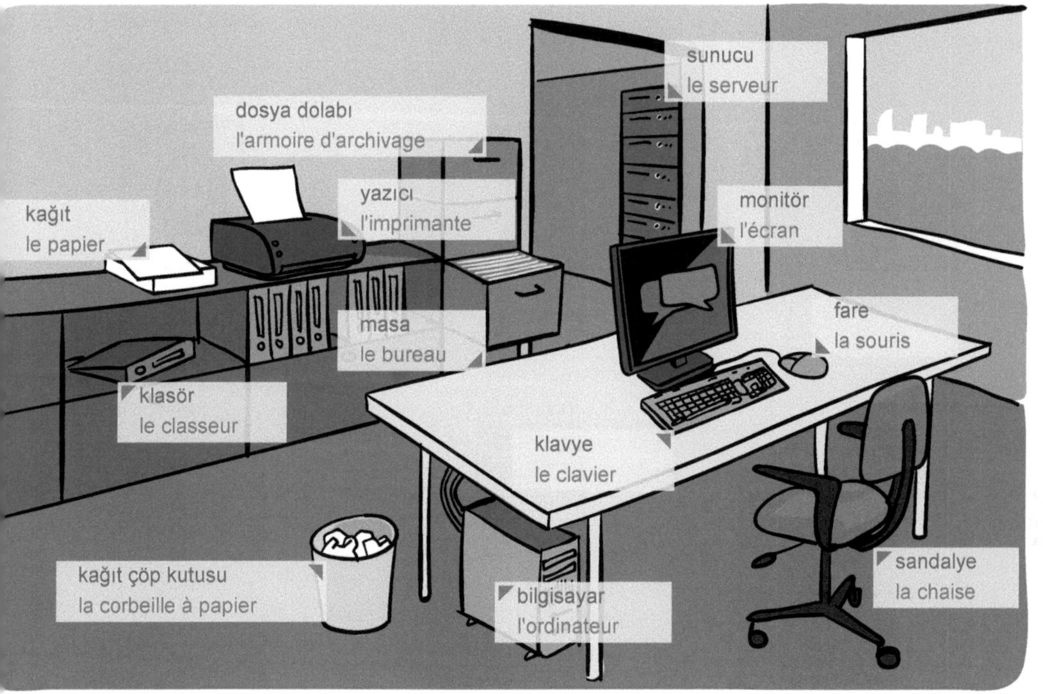

sunucu
le serveur
dosya dolabı
l'armoire d'archivage
yazıcı
l'imprimante
monitör
l'écran
kağıt
le papier
masa
le bureau
fare
la souris
klasör
le classeur
klavye
le clavier
sandalye
la chaise
kağıt çöp kutusu
la corbeille à papier
bilgisayar
l'ordinateur

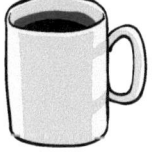

kahve fincanı

la tasse de café

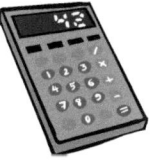

hesap makinesi

la calculatrice

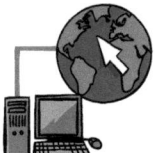

internet

l'internet

dizüstü

l'ordinateur portable

mektup

la lettre

mesaj

le message

cep telefonu

le portable

ağ

le réseau

fotokopi makinesi

la photocopieuse

yazılım

le logiciel

telefon

le téléphone

priz

la prise

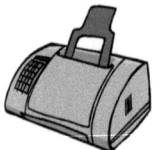

faks makinesi

le fax

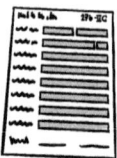

form

le formulaire

belge

le document

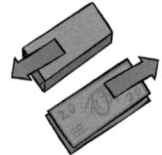

satın almak

acheter

ödemek

payer

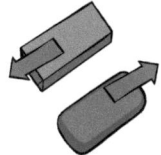

ticaret yapmak

faire du commerce

para

la monnaie

 **USD**

dolar

le dollar

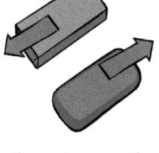 **EUR**

avro

l'euro

 **JPY**

yen

le yen

 **RUB**

ruble

le rouble

 **CHF**

İsviçre frangı

le franc suisse

 **CNY**

Çin yuanı

le renminbi yuan

 **INR**

rupi

la roupie

kasa

le distributeur automatique

döviz bürosu

le bureau de change

altın

l'or

gümüş

l'argent

petrol

le pétrole

enerji

l'énergie

fiyat

le prix

kontrat

le contrat

vergi

la taxe

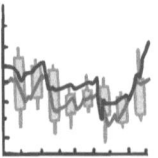

menkul değer

l'action

çalışmak

travailler

işveren

l'employé

işçi

l'employeur

fabrika

l'usine

mağaza

le magasin

meslekler
les professions

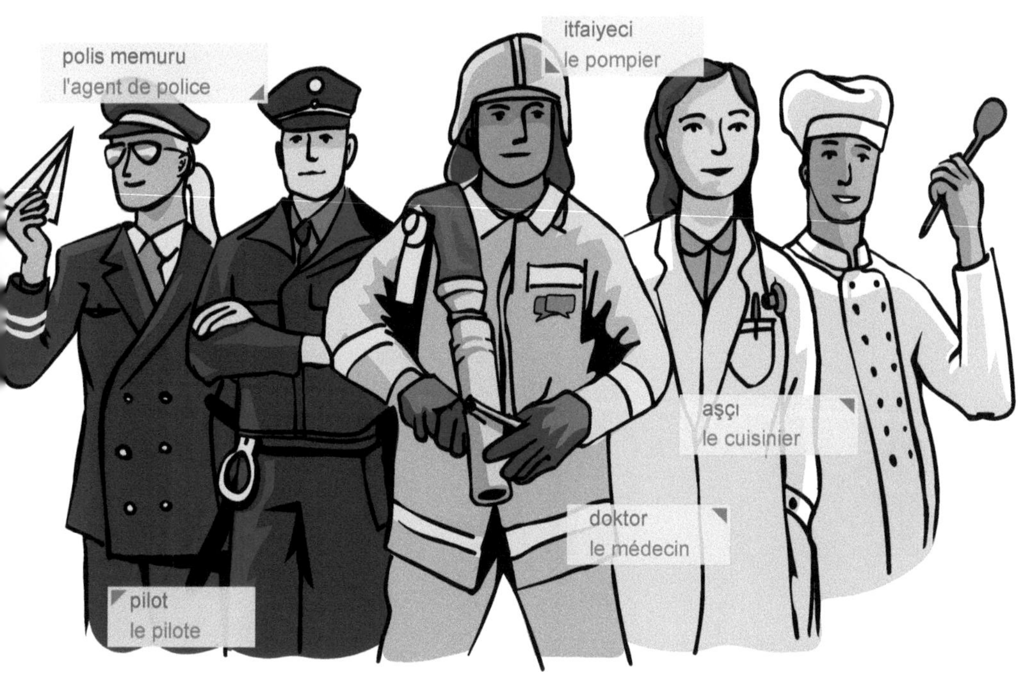
polis memuru
l'agent de police
itfaiyeci
le pompier
aşçı
le cuisinier
doktor
le médecin
pilot
le pilote

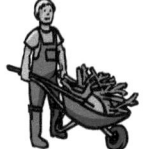

bahçıvan

le jardinier

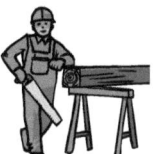

marangoz

le menuisier

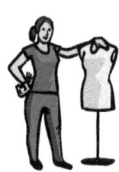

terzi

la couturière

hakim

le juge

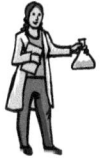

kimyager

le chimiste

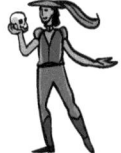

aktör

l'acteur

otobüs şoförü

le conducteur de bus

taksi şoförü

le chauffeur de taxi

balıkçı

le pêcheur

temizlikçi

la femme de ménage

çatı ustası

le couvreur

garson

le serveur

avcı

le chasseur

boyacı

le peintre

fırıncı

le boulanger

elektrikçi

l'électricien

inşaatçı

l'ouvrier

mühendis

l'ingénieur

kasap

le boucher

muslukçu

le plombier

postacı

le facteur

asker

le soldat

mimar

l'architecte

kasiyer

le caissier

çiçekçi

le fleuriste

kuaför

le coiffeur

kondüktör

le contrôleur

tamirci

le mécanicien

kaptan

le capitaine

dişçi

le dentiste

bilim insanı

le scientifique

haham

le rabbin

imam

l'imam

keşiş

le moine

rahip

le prêtre

aletler
les outils

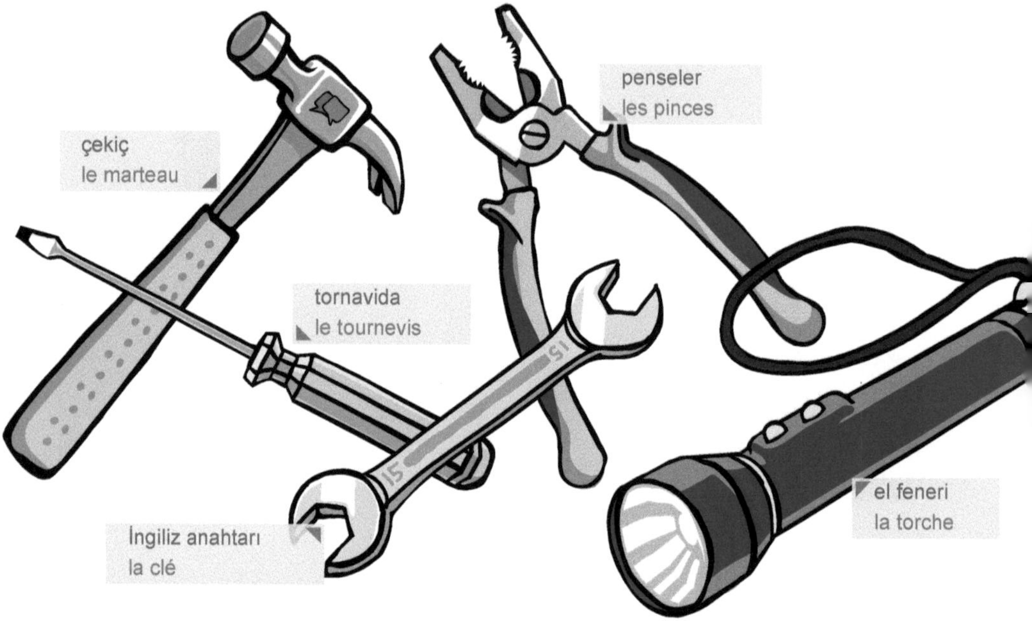

penseler
les pinces
çekiç
le marteau
tornavida
le tournevis
İngiliz anahtarı
la clé
el feneri
la torche

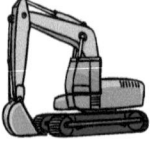

kazı makinesi

la pelleteuse

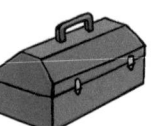

alet çantası

la boîte à outils

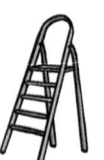

merdiven

l'échelle

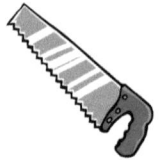

testere

la scie

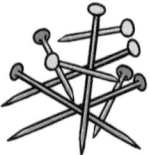

çiviler

les clous

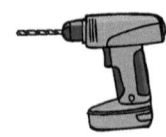

matkap

la perceuse

tamir etmek

réparer

kürek

la pelle

Kahretsin!

Mince !

faraş

la pelle

boya tenekesi

le pot de peinture

vidalar

les vis

müzik enstrümanı
les instruments de musique

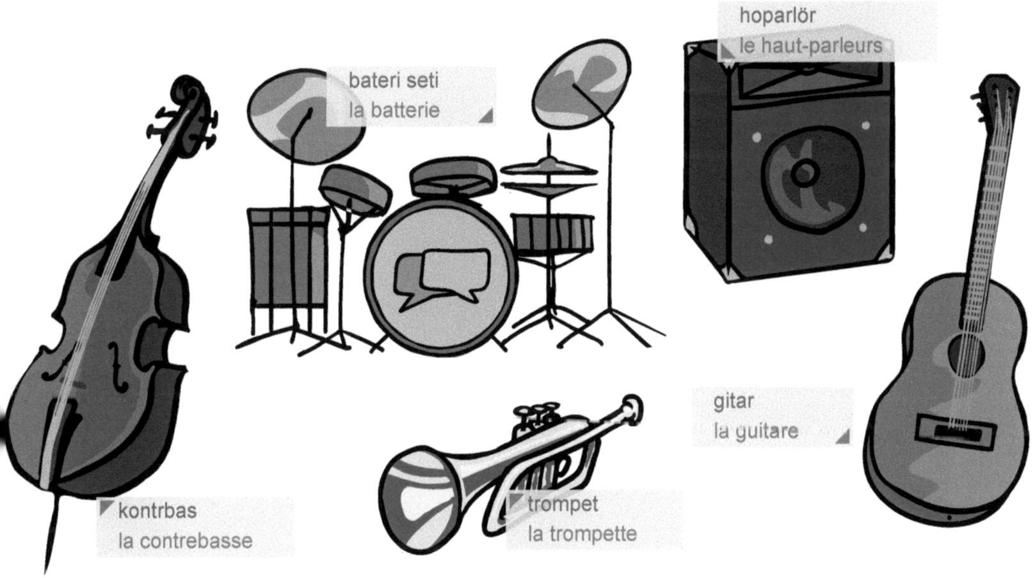

hoparlör
le haut-parleurs

bateri seti
la batterie

gitar
la guitare

kontrbas
la contrebasse

trompet
la trompette

piyano

le piano

keman

le violon

basgitar

la basse

timpani

les timbales

bateri

le tambour

klavye

le piano électrique

saksafon

le saxophone

flüt

la flûte

mikrofon

le microphone

hayvanat bahçesi

le zoo

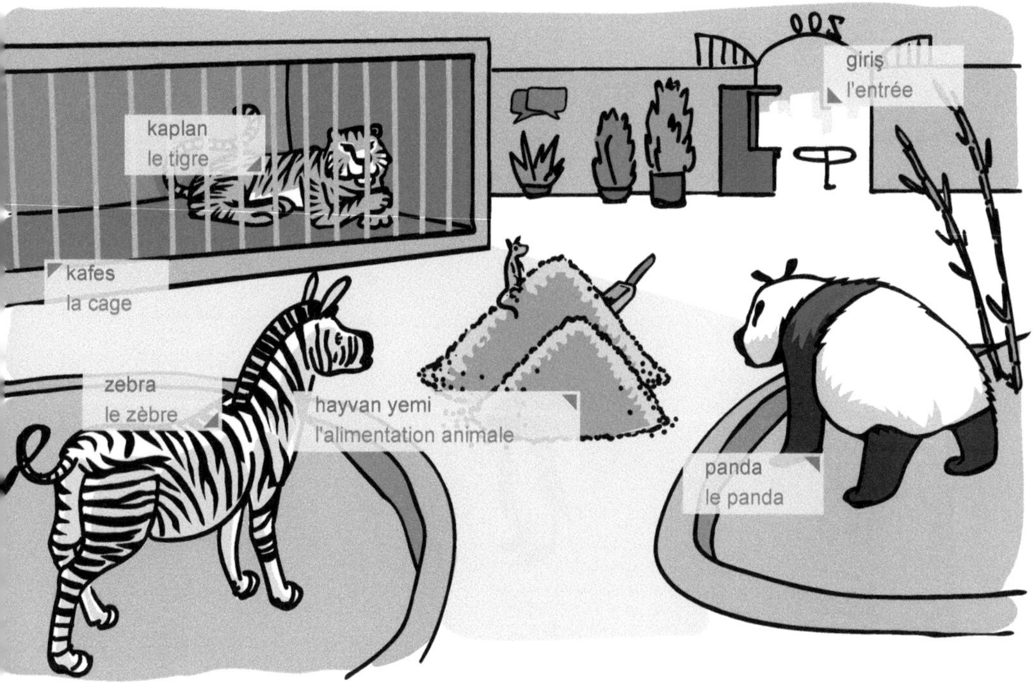

kaplan
le tigre
giriş
l'entrée
kafes
la cage
zebra
le zèbre
hayvan yemi
l'alimentation animale
panda
le panda

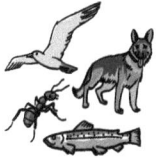

hayvanlar

les animaux

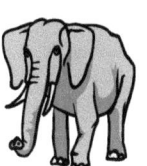

fil

l'éléphant

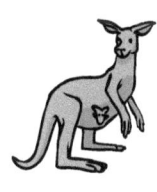

kanguru

le kangourou

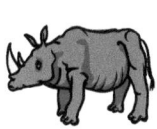

gergedan

le rhinocéros

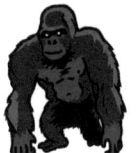

goril

le gorille

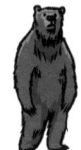

ayı

l'ours

deve

le chameau

deve kuşu

l'autruche

aslan

le lion

maymun

le singe

flamingo

le flamand rose

papağan

le perroquet

kutup ayısı

l'ours polaire

penguen

le pingouin

köpek balığı

le requin

tavus kuşu

le paon

yılan

le serpent

timsah

le crocodile

hayvanat bahçesi görevlisi

le gardien de zoo

fok

le phoque

jaguar

le jaguar

midilli atı

le poney

leopar

le léopard

su aygırı

l'hippopotame

zürafa

la girafe

kartal

l'aigle

yaban domuzu

le sanglier

balık

le poisson

kaplumbağa

la tortue

mors

le morse

tilki

le renard

ceylan

la gazelle

sporlar
les sports

amerikan futbolu
l'american Football

bisiklete binme
le cyclisme

tenis
le tennis

basketbol
le basket-ball

yüzme
la natation

buz hokeyi
le hockey sur glace

boks
la boxe

futbol
le football

badminton
le badminton

atletizm
l'athlétisme

hentbol
le handball

kayak
le ski

polo
le polo

etkinlikler

les activités

atlamak
sauter
sarılmak
embrasser
gülmek
rire
yürümek
marcher
söylemek
chanter
hayal etmek
rêver
dua etmek
prier
öpmek
faire la bise

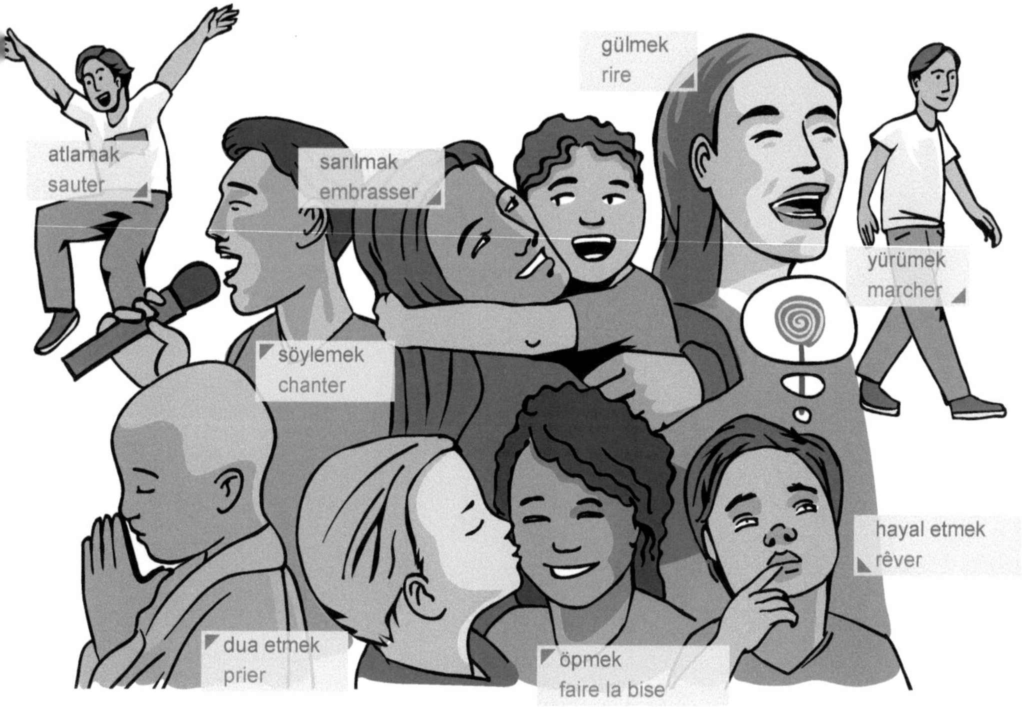

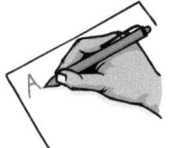

yazmak

écrire

çizmek

dessiner

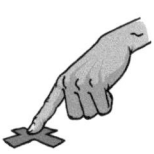

göstermek

montrer

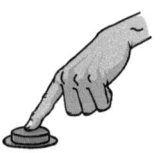

itmek

pousser

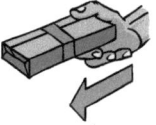

vermek

donner

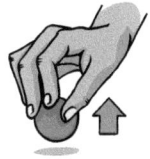

almak

prendre

sahip olmak

avoir

yapmak

faire

olmak

être

ayakta durmak

être debout

koşmak

courir

çekmek

trier

atmak

jeter

düşmek

tomber

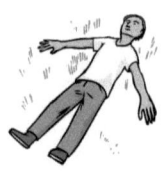

yalan söylemek

être couché

beklemek

attendre

taşımak

porter

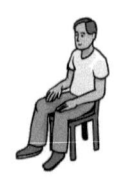

oturmak

être assis

giyinmek

s'habiller

uyumak

dormir

uyanmak

se réveiller

bakmak

regarder

ağlamak

pleurer

vurmak

caresser

taramak

peigner

konuşmak

parler

anlamak

comprendre

sormak

demander

dinlemek

écouter

içmek

boire

yemek

manger

düzenlemek

ranger

sevmek

aimer

pişirmek

cuire

sürmek

conduire

uçmak

voler

denize açılmak

faire de la voile

hesapla

calculer

okumak

lire

öğrenmek

apprendre

çalışmak

travailler

evlenmek

se marier

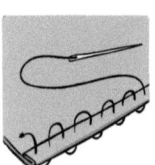

dikmek

coudre

diş fırçalamak

brosser les dents

öldürmek

tuer

sigara içmek

fumer

yollamak

envoyer

aile
la famille

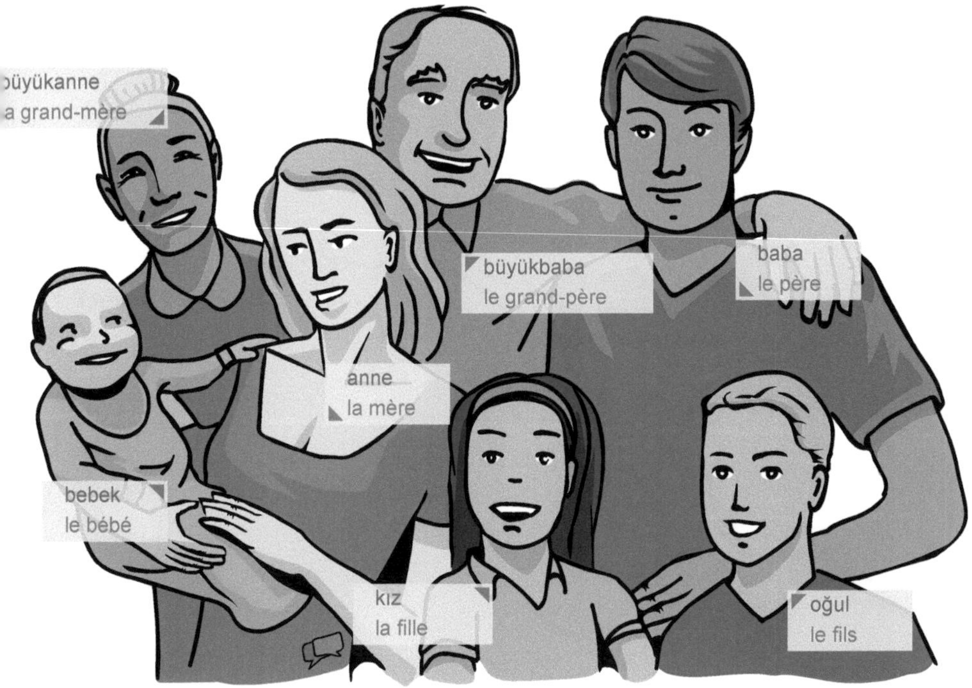
üyükanne
a grand-mère
büyükbaba
le grand-père
baba
le père
anne
la mère
bebek
le bébé
kız
la fille
oğul
le fils

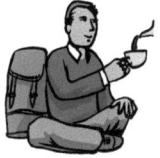

misafir

l'hôte

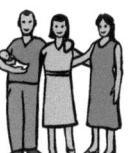

teyze

la tante

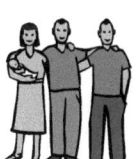

amca

l'oncle

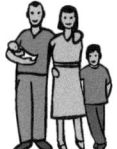

erkek kardeş

le frère

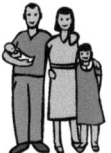

kız kardeş

la sœur

vücut
le corps

alın
le front
göz
l'œil
omuz
l'épaule
parmak
le doigt
yüz
le visage
çene
le menton
el
la main
bacak
la jambe
göğüs
la poitrine
kol
le bras

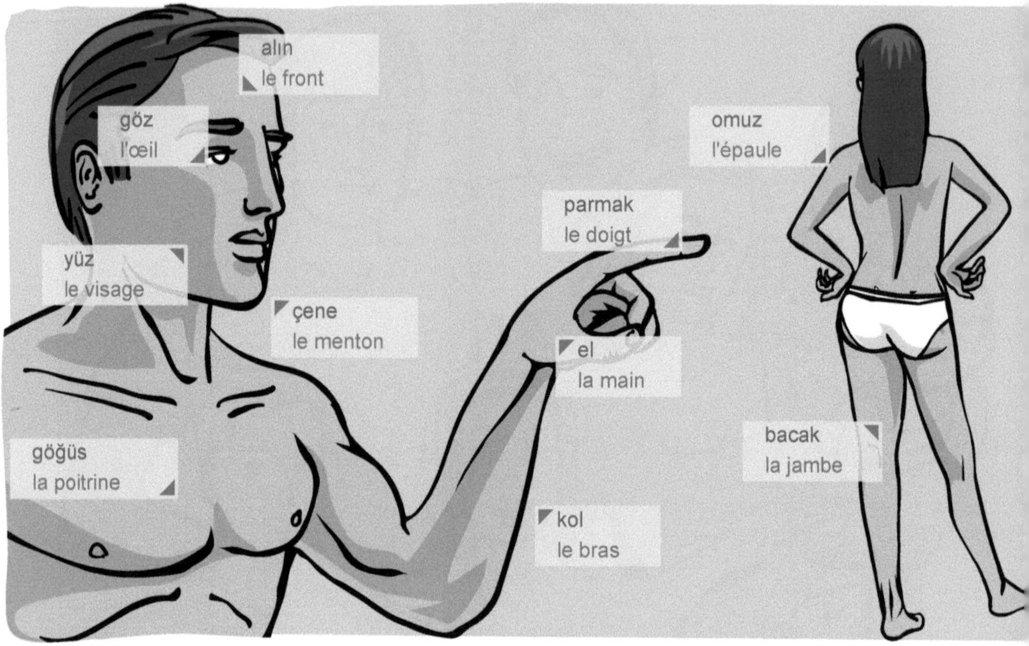

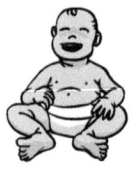

bebek
le bébé

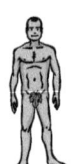

adam
l'homme

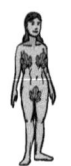

kadın
la femme

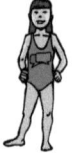

kız
la fille

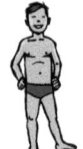

erkek çocuk
le garçon

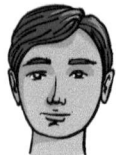

baş
la tête

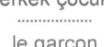

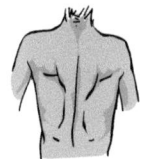

sırt

le dos

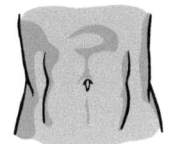

karın

le ventre

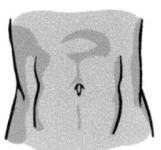

göbek

le nombril

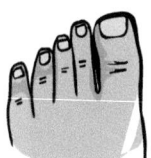

ayak parmağı

l'orteil

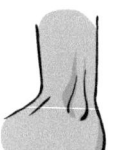

topuk

le talon

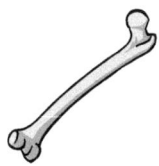

kemik

l'os

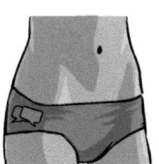

kalça

la hanche

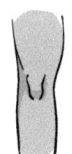

diz

le genou

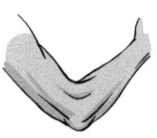

dirsek

le coude

burun

le nez

kalça

les fesses

deri

la peau

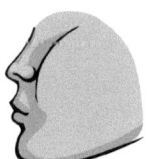

yanak

la joue

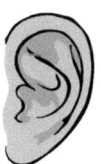

kulak

l'oreille

dudak

la lèvre

ağız

la bouche

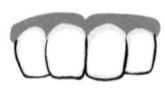

diş

la dent

dil

la langue

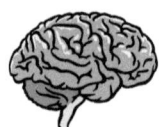

beyin

le cerveau

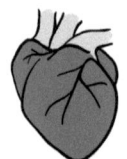

kalp

le cœur

kas

le muscle

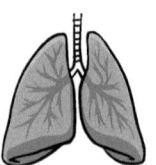

akciğer

les poumons

karaciğer

le foie

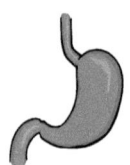

mide

l'estomac

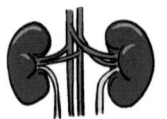

böbrekler

les reins

seks

le rapport sexuel

prezervatif

le préservatif

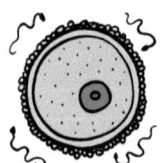

yumurtalık

l'ovule

sperm

le sperme

hamilelik

la grossesse

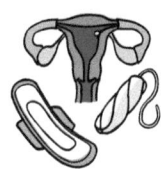

regl

la menstruation

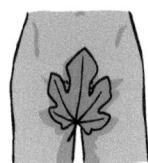

vajina

le vagin

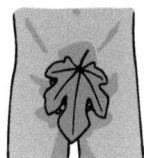

penis

le pénis

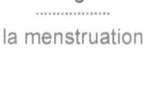

kaş

le sourcil

saç

les cheveux

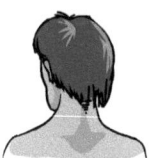

boyun

le cou

vücut - le corps

hastane
l'hôpital

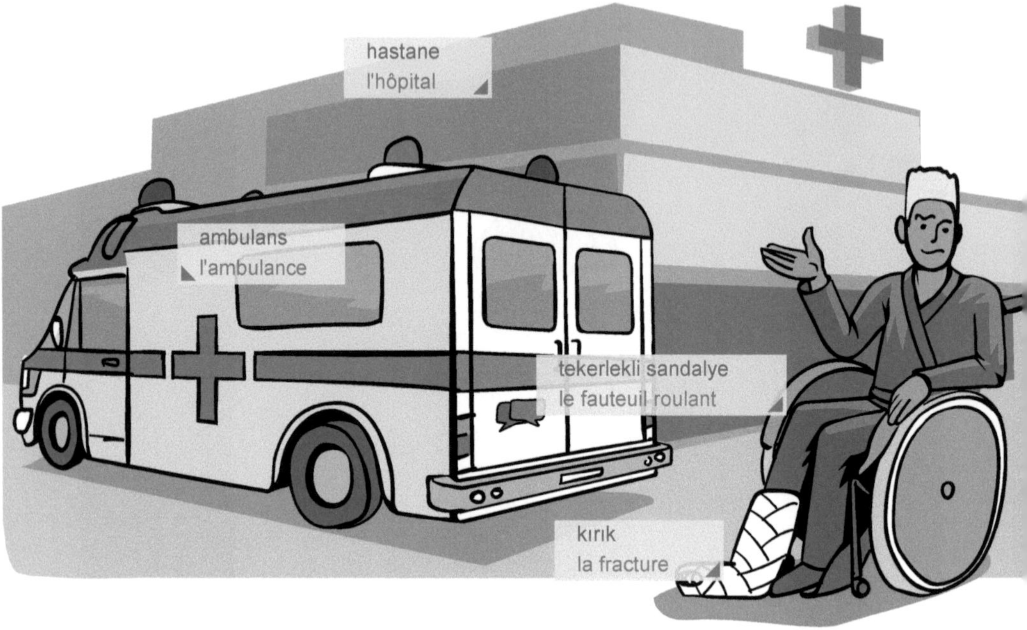

hastane
l'hôpital
ambulans
l'ambulance
tekerlekli sandalye
le fauteuil roulant
kırık
la fracture

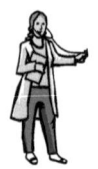

doktor

le médecin

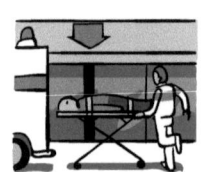

acil servis

le service des urgences

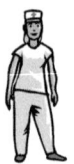

hemşire

l'infirmière

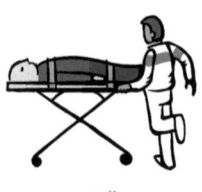

acil

l'urgence

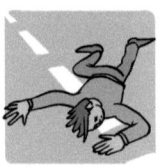

baygın

inconscient

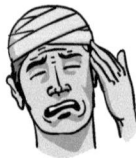

acı

la douleur

yaralanma

la blessure

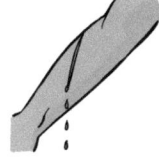

kanama

l'hémorragie

kalp krizi

la crise cardiaque

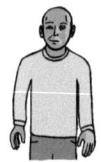

felç

l'attaque cérébrale

alerji

l'allergie

öksürük

la toux

ateş

la fièvre

grip

la grippe

ishal

la diarrhée

baş ağrısı

le mal de tête

kanser

le cancer

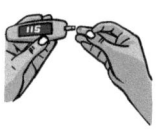

şeker hastalığı

le diabète

cerrah

le chirurgien

neşter

le scalpel

operasyon

l'opération

bilgisayarlı tomografi

le CT

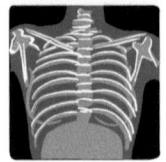

röntgen

la radiographie

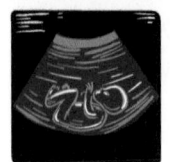

ultrason

l'échographie

yüz maskesi

le masque

hastalık

la maladie

bekleme odası

la salle d'attente

koltuk değneği

la béquille

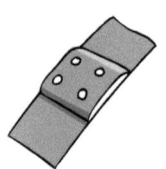

yara bandı

le pansement

bandaj

le pansement

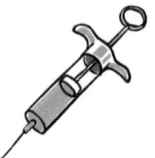

enjeksiyon

l'injection

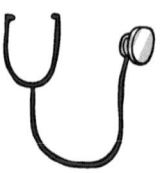

steteskop

le stéthoscope

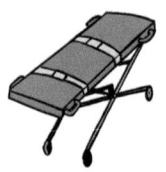

sedye

le brancard

tıbbi termometre

le thermomètre

doğum

l'accouchement

fazla kilo

la surcharge pondérale

işitme cihazı
l'appareil auditif

dezenfektan
le désinfectant

enfeksiyon
l'infection

virüs
le virus

HIV / AIDS
le VIH / le sida

ilaç
le médicament

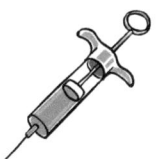

aşı
la vaccination

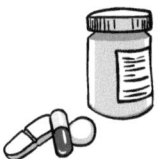

tablet
les comprimés

hap
la pilule

acil çağrı
l'appel d'urgence

tansiyon aleti
le tensiomètre

hasta / sağlıklı
malade / sain

İmdat!

Au secours !

alarm

l'alarme

darp

l'assaut

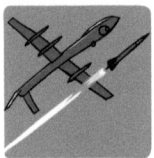

saldırı

l'attaque

tehlike

le danger

acil çıkış

la sortie de secours

Yangın!

Au feu!

yangın tüpü

l'extincteur

kaza

l'accident

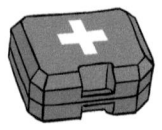

ilk yardım çantası

la trousse de premier
secours

imdat

SOS

polis

la police

Avrupa

l'Europe

Kuzey Amerika

l'Amérique du Nord

Güney amerika

l'Amérique du Sud

Afrika

l'Afrique

Asya

l'Asie

Avustralya

l'Australie

Atlantik

l'Océan atlantique

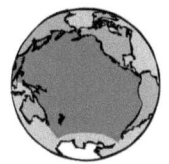

Pasifik

l'Océan pacifique

Hint Okyanusu

l'Océan indien

Antarktika Okyanusu

l'Océan antarctique

Arktik Okyanusu

l'Océan arctique

Kuzey Kutbu

le Pôle nord

Güney Kutbu

le Pôle sud

Antarktika

l'Antarctique

dünya

la terre

kara

le pays

deniz

la mer

ada

l'île

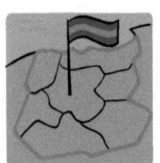

ulus

la nation

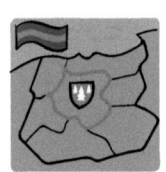

ülke

l'état

kadran

le cadran

akrep

l'aiguille des heures

yelkovan

l'aiguille des minutes

saniye ibresi

l'aiguille des secondes

Saat kaç?

Quelle heure est-il ?

gün

le jour

zaman

le temps

şimdi

maintenant

dijital saat

la montre digitale

dakika

la minute

saat

l'heure

hafta

la semaine

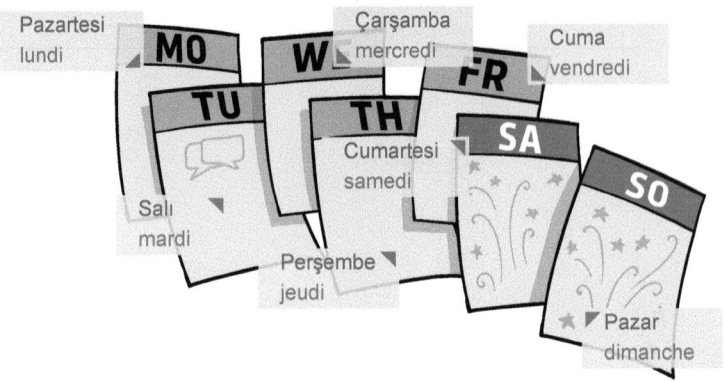

Pazartesi / lundi — MO
Çarşamba / mercredi — W
Cuma / vendredi — FR
Salı / mardi — TU
Cumartesi / samedi — SA
Perşembe / jeudi — TH
Pazar / dimanche — SO

dün
hier

bugün
aujourd'hui

yarın
demain

sabah
le matin

öğle
le midi

akşam
le soir

iş günleri
les jours ouvrables

hafta sonu
le week-end

yıl
l'année

gökkuşağı
l'arc-en-ciel
yağmur
la pluie
kara
la neige
rüzgar
le vent
bahar
le printemps
sonbahar
l'automne
yaz
l'été
kış
l'hiver

4.APRIL 11°
5.APRIL 4°
6.APRIL 13°
7.APRIL 8°
8.APRIL 10°

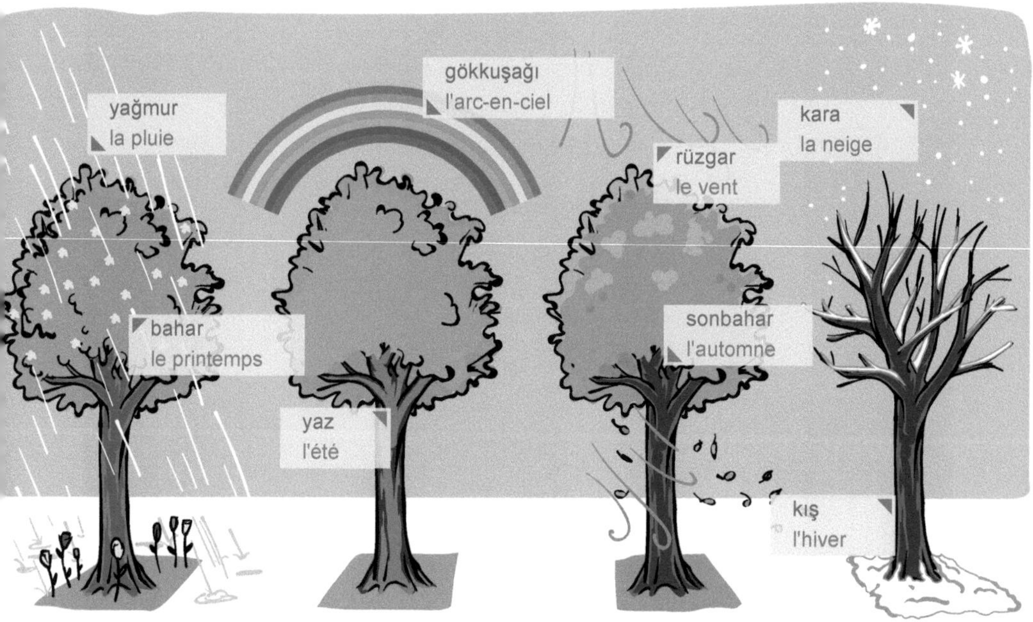

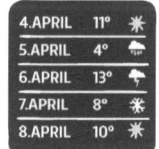

hava durumu tahmini

la météo

F C
120 40
90 30
60 20
30 10
0 0
-30 -10
-20

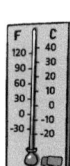

termometre

le thermomètre

güneş ışığı

la lumière du soleil

bulut

le nuage

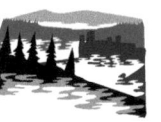

sis

le brouillard

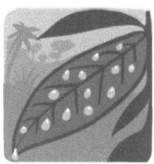

nem

l'humidité

şimşek

la foudre

gök gürültüsü

la tonnerre

fırtına

la tempête

dolu

la grêle

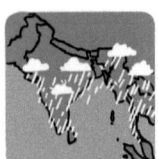

muson

la mousson

sel

l'inondation

buz

la glace

Ocak

janvier

Şubat

février

Mart

mars

Nisan

avril

Mayıs

mai

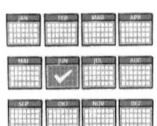

Haziran

juin

Temmuz

juillet

Ağustos

août

yıl - l'année

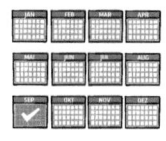

Eylül
....
septembre

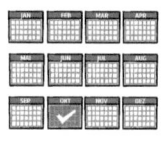

Ekim
....
octobre

Kasım
....
novembre

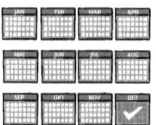

Aralık
....
décembre

daire
....
le cercle

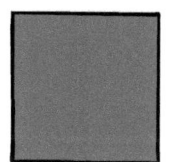

kare
....
le carré

dikdörtgen
....
le rectangle

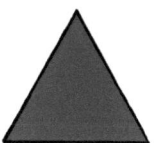

üçgen
....
le triangle

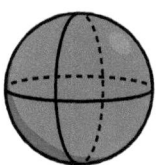

küre
....
la sphère

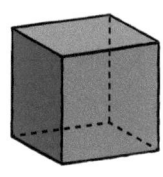

küp
....
le cube

renkler
les couleurs

beyaz

blanc

sarı

jaune

turuncu

orange

pembe

rose

kırmızı

rouge

mor

violet

mavi

bleu

yeşil

vert

kahverengi

marron

gri

gris

siyah

noir

çok / az

beaucoup / peu

kızgın / sakin

fâché / calme

güzel / çirkin

joli / laid

başlangıç / son

le début / la fin

büyük / küçük

grand / petit

parlak / karanlık

clair / obscure

erkek kardeş / kız kardeş

frère / soeur

temiz / kirli

propre / sale

tamam / eksik

complet / incomplet

gün / gece

le jour / la nuit

ölü / canlı

mort / vivant

geniş / dar

large / étroit

yenilebilir / yenilemez

comestible / incomestible

kötü / iyi

méchant / gentil

heyecanlı / sıkılmış

excité / ennuyé

şişman / zayıf

gros / mince

ilk / son

le premier / le dernier

dost / düşman

l'ami / l'ennemi

dolu / boş

plein / vide

sert / yumuşak

dur / souple

ağır / hafif

lourd / léger

açlık / susuzluk

faim / soif

hasta / sağlıklı

malade / sain

yasa dışı / yasal

illégal / légal

zeki / aptal

intelligent / stupide

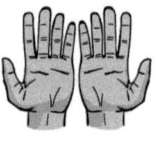

sol / sağ

gauche / droite

yakın / uzak

proche / loin

yeni / kullanılmış

nouveau / usé

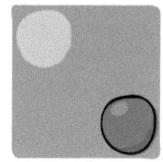

hiçbir şey / bir şey

rien / quelque chose

yaşlı / genç

vieux / jeune

açma / kapama

marche / arrêt

açık / kapalı

ouvert / fermé

sessiz / gürültülü

faible / fort

zengin / fakir

riche / pauvre

doğru / yanlış

correct / incorrect

pürüzlü / düz

rugueux / lisse

üzgün / mutlu

triste / heureux

kısa / uzun

court / long

yavaş / hızlı

lent / rapide

ıslak / kuru

mouillé / sec

sıcak / serin

chaud / froid

savaş / barış

la guerre / la paix

les nombres

0

sıfır

zéro

1

bir

un / une

2

iki

deux

3

üç

trois

4

dört

quatre

5

beş

cinq

6

altı

six

7

yedi

sept

8

sekiz

huit

9

dokuz

neuf

10

on

dix

11

on bir

onze

12

on iki

douze

13

on üç

treize

14

on dört

quatorze

15

on beş

quinze

16

on altı

seize

17

on yedi

dix-sept

18

on sekiz

dix-huit

19

on dokuz

dix-neuf

20

yirmi

vingt

100

yüz

cent

1.000

bin

mille

1.000.000

milyon

le million

diller

les langues

İngilizce

l'anglais

Amerikan İngilizcesi

l'anglais américain

Çince (Mandarin)

le chinois mandarin

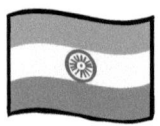

Hintçe

le hindi

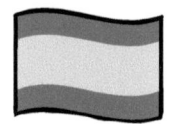

İspanyolca

l'espagnol

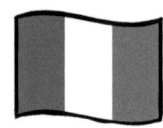

Fransızca

le français

Arapça

l'arabe

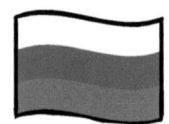

Rusça

le russe

Portekizce

le portugais

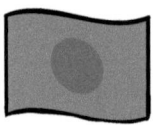

Bengalce

le bengali

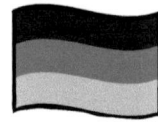

Almanca

l'allemand

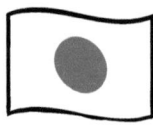

Japonca

le japonais

ben
je

sen
tu

o
il / elle / ce, c', cela

biz
nous

siz
vous

onlar
ils / elles

kim?
Qui ?

ne?
Quoi ?

nasıl?
Comment ?

nerede?
Où ?

ne zaman?
Quand ?

isim
le nom

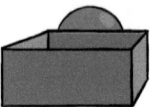

arkasında

derrière

içinde

dans

önünde

devant

üzerinde

au-dessus

üstünde

sur

altında

en-dessous

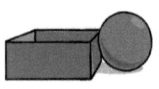

yanında

à côté de

arasında

entre

yer

le lieu